CATALOGUE

DE LA BELLE COLLECTION

DE

VIGNETTES & PORTRAITS

PROVENANT

Du Cabinet de feu M. le Baron MAURICE DUVAL

ANCIEN PAIR DE FRANCE

DONT LA VENTE AUX ENCHÈRES PUBLIQUES AURA LIEU

RUE DES BONS-ENFANTS, N° 28

(MAISON SILVESTRE)

Salle n° 2

Les 20, 21 et 22 Mars 1862

A 7 HEURES DU SOIR

Par le ministère de Me BOULOUZE, Commissaire-Priseur,
rue Ollivier-Saint-Georges, 14,

Et de Me ESCRIBE, son confrère, Commissaire-Priseur,
rue Saint-Honoré, 217,

Assistés de M. CLEMENT, M^d d'Estampes de la Bibliothèque impériale,
rue des Saints-Pères, 3,

Chez lesquels se distribue le présent Catalogue.

EXPOSITION PUBLIQUE

Chaque Jour de Vente, de 2 heures à 4 heures.

PARIS

RENOU & MAULDE

IMPRIMEURS DE LA COMPAGNIE DES COMMISSAIRES-PRISEURS
RUE DE RIVOLI, 144

1862

ORDRE DES VACATIONS

PREMIÈRE VACATION — *Jeudi 20 Mars 1862.*
N°s 305 à 320
1 à 67

DEUXIÈME VACATION — *Vendredi 21 Mars.*
N°s 68 à 186

TROISIÈME VACATION — *Samedi 22 Mars.*
N°s 186 à 304

CONDITIONS DE LA VENTE

Elle sera faite au comptant.

Les Acquéreurs paieront, en sus des adjudications, CINQ pour CENT applicables aux frais de la vente.

Les Portraits de Ficquet et de Savart, désignés sous le même numéro, seront vendus séparément.

M. CLÉMENT, Expert, se charge des Commissions.

DESSINS

1 — **Moreau** (J.-B.), le jeune. Dessin à la sépia, signé et daté 1777, pour l'Arioste.

2 — **Marillier**. Charmant dessin à la plume, lavé à l'encre de Chine, signé et daté 1779, pour les mélanges de Mme de Beauharnais, accompagné de la gravure.

3 — Dessin pour l'encadrement d'un portrait de Crébillon, accompagné de la gravure.

4 — **Marillier** et autres. Vingt-sept dessins à la sépia, pour Florian.

5 — **Lebarbier**. Douze dessins à la sépia.

6 — **Johannot** (Tony). Le bon Ange. Très-joli dessin à l'aquarelle.

7 — **Myris**. Dessin à la sépia, pour le Gastronome, accompagné de la gravure.

8 — **Martinet**. Six dessins à la sépia, pour Gil Blas; n'ont pas été gravés.

9 — Quatre petits dessins à la sépia pour fleurons.

10 — Neuf dessins à la sépia, par Monnet, Choquet, Swebach et Martinet.

PORTRAITS

11 — **Ficquet** (Étienne). Ariosto (Ludovico), d'après Titien. Deux épreuves avant la lettre, avec toutes marges.

12 — Le même personnage gravé sur une planche de plus grand format. Quatre épreuves; 1re épreuve avec la planche non terminée, avec la bordure blanche qui est au bas de l'estampe, avant les armes, le nom du personnage et les noms d'auteurs. Extrêmement rare. 2me, la planche entièrement terminée, avec les noms d'auteurs tracés à la pointe, mais avant le nom de *Car. Eisen del.* Rare. Les deux autres avec les noms d'auteurs et le nom d'Eisen gravés.

13 — Boileau (Nicolas), d'après Rigaud. Trois épreuves : 1re épreuve avec la plume blanche et avant les noms d'auteurs. Très-rare. Les deux autres avec la plume gravée; mais aussi avant les noms d'auteurs. Rares; elles sont à toutes marges.

14 — Bossuet (Jacques-Bénigne), d'après Rigaud. Deux épreuves, avant la lettre. Très-rares.

15 — Cicero (M. Tullius), d'après Rubens. Trois épreuves, plus le même portrait gravé par F. Huot.

16 — Corneille (Pierre), d'après C. Lebrun. Trois épreuves : 1ʳᵉ épreuve avec l'encadrement à l'eau-forte et le portrait tracé ; 2ᵉ, entièrement terminée, et avant les noms d'auteurs, Très-rare ; 3ᵉ, avec les noms d'auteurs.

17 — Crébillon (Joliot de), d'après Aved. Trois épreuves : 1ʳᵉ épreuve, avant la bordure, avec le bas de l'estampe presque blanc et ayant plusieurs travaux sur le portrait ; 2ᵉ, avec le bas de l'estampe et le portrait terminés, mais avec le bouton qui est au haut de l'habit du personnage, blanc et avant les noms d'auteurs. Très-rare ; 3ᵉ, avec les noms d'auteurs.

18 — Descartes (Réné), d'après F. Hals Epreuve avant des contre-tailles sur les livres et sur presque toute la partie inférieure de la planche, avant des travaux sur la banderolle, sur l'épée et sur la couronne qui sont au haut de l'estampe, avant l'étoile sur la couronne et avant les noms d'auteurs. Très-rare.

19 — Eisen (Charles), d'après Vispré. Epreuve avec la perruque blanche, avant des travaux sur le devant de l'habit du personnage et sur sa main. Très-rare.

20 — Fénelon (de la Mothe), d'après Vivien. Trois épreuves : 1ʳᵉ épreuve avant les noms d'auteurs et avant quelques travaux sur la guirlande de fleurs qui entoure l'ovale. Très rare. Les deux autres aussi, avant les noms d'auteurs, mais entièrement terminées.

21 — La Fontaine (Jean de), d'après Rigaud. Trois épreuves : 1ʳᵉ épreuve, avec la composition presque totalement gravée, mais avec la tête et la cravate, au trait. Extrêmement rare. 2ᵉ, la planche entièrement terminée, avant les noms d'auteurs et celui du personnage placé sur une bordure au-dessus de l'ovale. Très rare ; 3ᵉ, avec les noms d'auteurs, mais avant les travaux sur le ruisseau. Epreuve dite au *ruisseau blanc*.

22 — Le même personnage, gravé pour une édition des *Contes*. Trois épreuves : les deux premières avant l'encadrement et avant que l'inscription *Jean de La Fontaine*, etc., ait été enlevée pour rendre à la console de support sa blancheur primitive, afin de pouvoir faire un tirage d'épreuves *avant la lettre*. Une a toute sa marge. Extrêmement rare (1). Les épreuves de l'état postérieur portent la même inscription tracée d'un caractère différent et ont un filet d'encadrement autour de la composition. La 3ᵉ, avec la bordure et l'inscription différemment tracée.

23 — Le Vayer (François de La Mothe), d'après Nanteuil. Quatre épreuves : les deux premières avant les noms d'auteurs. Les deux autres avec les noms d'auteurs.

24 — Louis XV, roi de France. Deux épreuves avec le nom de Ficquet gravé à la pointe. Portrait rare.

25 — Maintenon (Françoise d'Aubigné, marquise de), d'après Mignard. Deux belles épreuves imprimées sur papier double.

(1) Une épreuve de cet état a été vendue à la vente de M. H. de Lasalle, en 1856, 135 fr. ; plus le cinq pour cent.

— 8 —

26 — Molière (Poquelin de), d'après Coypel. Quatre épreuves: 1ʳᵉ épreuve, le portrait entièrement terminé, mais avant beaucoup de travaux sur la bordure et avec le support presque au trait. Extrêmement rare; 2ᵉ, la planche entièrement terminée et avant les noms d'auteurs. Très-rare, les deux autres avec les noms d'auteurs.

27 — Pope et un autre personnage. Deux portraits dans des médaillons entourés de fleurs et placés dans un cartouche blanc. Très-rares.

28 — Regnard (Jean-François), d'après Rigaud. Quatre épreuves : 1ʳᵉ épreuve, la bordure seule à l'eau-forte; 2ᵉ, la bordure presque terminée et avec le portrait tracé. Très-rare; 3ᵉ, entièrement terminée et avant les noms d'auteurs; 4ᵉ, avec les noms d'auteurs.

29 — Rousseau (Jean-Jacques), d'après de La Tour. Trois épreuves : 1ʳᵉ épreuve avant quelques travaux sur la presque totalité de la planche, notamment sur la guirlande qui entoure le portrait, avec la flamme qui est au milieu du haut de la planche tracée, avant les noms d'auteurs. Très-rare ; les deux autres avec les noms d'auteurs.

30 — Rousseau (Jean-Baptiste), d'après Aved. Deux épreuves : 1ʳᵉ épreuve avec l'encadrement tracé, le portrait un peu gravé; mais avec la tête et le devant du vêtement du personnage au trait, etc., avant les noms d'auteurs; 2ᵉ avec les noms d'auteurs.

31 — Saugrain, libraire. Deux épreuves: 1ʳᵉ épreuve avant la lettre et le nom de Ficquet. Extrêmement rare; 2ᵉ, avec la lettre et le nom de l'artiste.

32 — Voltaire, d'après de La Tour. Trois épreuves; 1re épreuve avant les travaux sur la bordure de l'habit du personnage, sur les livres qui se voient dans une bibliothèque tout près du personnage, avant des contre-tailles sur le trophée qui est sous le rond, dans lequel est le portrait et avant es noms des auteurs. Extrêmement rare; 2e, entièrement terminée, avec les noms d'auteurs, mais avec la tablette blanche sur la console de support. Rare; 3e, avec la tablette gravée et avec l'inscription.

33 — Montaigne, Chennevière, Vadé et Guillaume Amfrie de Chaulieu. Quatre portraits anciens d'épreuves.

34 — **Savart** (Pierre). Alembert (Jean d'), d'après Mlle Lusurier. Deux épreuves avant toutes lettres.

35 — Bayle (Pierre). Deux épreuves avant la lettre et avec différence : première épreuve avant des travaux sur le nuage qui s'élève au-dessus du globe à la gauche de l'estampe, avec la console et l'ovale, qui entoure le portrait moins travaillés et avec la continuation du nuage sur la console qui est au haut vers la droite de l'estampe. Deuxième épreuve entièrement terminée et avec le nuage effacé.

36 — Bernis (Pierre cardinal de), d'après Callet. Epreuve avant toutes lettres.

37 — Boileau-Despréaux (Nicolas), d'après Rigaud. Deux épreuves avec l'adresse de la barrière Fontarabie, dont une écrite avec le mot *Fond-Taraby*.

38. — Bossuet (Jacques-Bénigne), d'après Rigaud. Deux épreuves avant la lettre avec différences : première épreuve avant que le bas de la console ait été profilé, avec l'inscription sur le livre : *Discours sur l'hist. univ.*, et le nom du personnage sur une feuille au-dessous de l'aigle, tracés, avant le troisième livre qui est au bas, tout près du bord de l'estampe et avant le changement du nuage qui s'élève à côté des livres. Extrêmement rare ; deuxième épreuve avec le nom du personnage et l'inscription sur le livre gravés et avec le bas de console. Très-rare.

39 — Buffon (Georges-Louis-Leclerc, comte de), d'après Drouais. Epreuve avant la lettre.

40 — Catinat (Nicolas de). Deux épreuves avant toutes lettres.

41 — Colbert (Jean-Baptiste), d'après Champaigne. Deux épreuves, dont une avec l'adresse de la barrière Fontarabie.

42 — Deshoulières (Mme), d'après Mlle Elisabeth Cheron. Très belle épreuve d'un joli portrait.

43 — Fénelon. Deux épreuves : la première avant toutes lettres et avant le nom du personnage dans la banderolle au-dessus de l'ovale qui entoure le portrait ; très-rare. La deuxième avec l'adresse de l'auteur : barrière de Fontarabie.

44 — Fontenelle (Bernard de). Epreuve avant toutes lettres.

45 — Livry (Nicolas de), d'après Tocqué. Epreuve avec le bas relief et les armes au bas de l'ovale, qui ont été supprimés postérieurement pour mettre le nom du personnage.

46 — Louis XIV, d'après Rigaud. Deux épreuves avec toutes marges.

47 — Montesquieu (Charles-Secondat de). Deux épreuves avant la lettre.

48 — Rabelais (François), d'après Sarrabat. Deux épreuves avant le nom du personnage et avant les noms d'auteurs. Très-rare.

49 — Richelieu (Armand-Jean-Duplessis, cardinal de), d'après Champaigne. Epreuve avant toutes lettres.

50 — La Fontaine, La Bruyère et Racine. Trois portraits anciens d'épreuves.

51 — Diane regardant Endymion endormi ; — sujet dans un ovale. Epreuve avant toutes lettres. Rare.

52 — **Grateloup**, père et fils Portraits de Montesquieu et de John Dryden. Deux pièces.

53 — **De Marecnay** (Antoine). Portraits de Bayard, L'Hopital, maréchal de Saxe, maréchal de Villars, prince Eugène, Turenne (deux épreuves), Sully, quatre épreuves différentes, de Thou, Jeanne d'Arc, Charles V, et Charles VII, deux épreuves différentes, portrait d'après Van Dyck. Dix-neuf portraits, dont seize avant la lettre, deux à l'eau-forte et un avec la lettre.

54 — **Edelinck** (Gérard). Louis XIV, roi de France (R.
 D. 248).— Superbe épreuve du premier état avant
 la lettre (il y a sept états de cette planche). Rare.

55 — **Edelinck** (Nicolas). Marie de Rabutin Chantal,
 marquise de Sévigné, d'après Nanteuil. Très-belle
 épreuve avant le *trait-d'union* entre les mots Rabutin Chantal. Rare.

56 — Le même portrait. Belle épreuve avec le *trait-d'u-
 nion*; elle a de la marge. Rare.

57 — **Drevet** (Pierre). Orléans (Elisabeth-Charlotte,
 palatine de Bavière, duchesse d'), d'après Rigaud;
 petit chef-d'œuvre de gravure. Belle épreuve avec
 grandes marges.

58 — Le même portrait. Comme le précédent.

59 — Tressau (Louis de la Vergne de) archevêque de
 Rouen. Joli portrait pour le bréviaire de Rouen.
 Épreuve avant la lettre.

60 — Collection de portraits des membres de l'Assemblée
 constituante, publiée par Dejabin. Très belles
 épreuves avec toutes marges. Collection très-rare.
 480 portraits.

61 — Lot de 36 portraits à l'eau-forte, d'après Cochin, par
 A. de Saint-Aubin.

62 — Portraits par Moreau, Gaucher, Cochin, Tardieu,
 Choffard, Marillier et autres. 28 portraits.

63 — Portraits par et d'après Moreau, Cochin, Eisen, Marillier et autres. 22 portraits.

64 — Portraits par et d'après Ingouf, Marillier, Cochin, Saint-Aubin et autres. 40 portraits.

65 — Portraits par et d'après d'Elvaux, Saint-Aubin, Moreau et autres. 28 portraits.

66 — Lot de 71 portraits, d'après divers, avant et avec la lettre.

67 — **Moreau** (d'après J.-M), le jeune. Hommages rendus à Voltaire sur le Théâtre Français le 30 mars 1778, par Gaucher. Deux épreuves, dontune avant la bordure.

68 — Costumes pour servir à l'histoire des mœurs et de la bonne compagnie du xviiiᵉ siècle. Douze charmantes petites pièces avant la lettre, avec toutes leurs marges, in-8º, très-rares.

69 — Six pièces de la même suite avant la lettre; plus deux autres petites pièces, sujets d'intérieurs.

VIGNETTES

70 — **Arioste** (Ludovico). Suite complète de 46 vignettes, pour l'édition de l'*Orlando furioso* de Baskerville d'après Eisen, Monnet, Moreau, Cypriani et Cochin, avant la lettre, avec un encadrement ; plus le portrait avant la lettre, par Ficquet.

71 — La même suite, 46 pièces à l'eau-forte.

72 — La même suite, 54 pièces, avant la lettre, dont plusieurs doubles.

73 — La même suite. 40 pièces, à l'eau-forte avec le poisson en tête.

74 — La même suite. 41 pièces avant la lettre, avec le poisson en tête.

75 — La même suite, 57 pièces, avant la lettre, la plupart doubles.

76 — La même suite, 69 pièces avec la lettre, dont plusieurs doubles.

77 — **Anacréon**. Suite complète de 4 vignettes, d'après Girodet. Epreuves avant et avec la lettre.

78 — **Baumarchais**. Suite de 5 vignettes avant la lettre, d'après Saint Quentin, pour le Mariage de Figaro.

79 — **Bernardin de Saint-Pierre.** Différentes suites pour ses œuvres, d'après Moreau, Desenne, etc.; avant la lettre. 35 pièces.

80 — 17 pièces des suites précédentes, avant la lettre.

81 — **Bourbon** (Histoire de la maison de). Lot de 64 vignettes et culs-de-lampes, à l'eau-forte et avant la lettre.

82 — **Boileau.** Suite complète de 6 vignettes, d'après Moreau, et le portrait avant la lettre, gr. in-8°.

83 — Suite de 7 vignettes, d'après Cochin, avant la lettre.

84 — Suite de sept vignettes, d'après Desenne, avant la lettre plus le portrait, avant la lettre et à l'eau-forte.

85 — **Chateaubriand.** Suite de 9 vignettes, d'après Lebarbier et autres, avant la lettre, avec le portrait par Laugier, aussi avant la lettre et 2 eaux-fortes.

86 — Suite de 6 vignettes pour la 1re édition d'*Atala*, par Choffard et autres, avant la lettre.

87 — La même suite. 6 pièces avant la lettre.

88 — **Corneille.** Suite complète de 24 vignettes, d'après Moreau, avant la lettre, avec les portraits de Pierre et Thomas Corneille.

89 — La même suite. 24 pièces avant la lettre, avec les portraits.

90 — La même suite. 16 pièces avant la lettre, dont plusieurs doubles.

91 — Suite de 34 vignettes, d'après Gravelot, avec la lettre et le portrait par Gaucher.

92 — Lot de 59 pièces avant et avec la lettre.

93 — **Crébillon.** Suite complète de 9 vignettes, d'après Marillier, avant la lettre, et le portrait avec la lettre.

94 — La même suite, comme la précédente.

95 — Suite complète de 9 vignettes, d'après Moreau, avant la lettre.

96 — Suite complète de 9 vignettes et du portrait, d'après Peyron, avant la lettre.

97 — La même suite, comme la précédente. (La vignette d'Atrée est à l'eau-forte.)

98 — La même suite. 10 pièces à l'eau-forte.

99 — **Desmoustier.** Suite complète de 36 vignettes, d'après Moreau, avant la lettre, avec le portrait de Demoustier, avec la lettre, pour les *Lettres à Émilie sur la Mythologie.*

100 — La même suite. 36 pièces avant la lettre.

101 — **Destouches.** Suite de 10 vignettes, d'après Laffitte, avant la lettre, avec 5 eaux-fortes, et le portrait avant la lettre, d'ap. Choquet.

102 — **Diderot.** Suite complète de quatre vignettes, d'après Lebarbier, et du portrait avant la lettre, pour *la Religieuse.*

103 — La même suite. Cinq pièces avant la lettre.

104 — **Don Quichotte**. Suite de 32 vignettes, gravées par Folkema, avec 13 vignettes pour les nouvelles et le portrait de Cervantes ; plus, 3 épreuves avant la lettre. En tout, 49 pièces.

105 — Suite complète de 24 vignettes, d'ap. Lefèvre et Lebarbier, avant la lettre, avec la suite des eaux-fortes.

106 — La même suite, avant la lettre, avec 20 eaux-fortes.

107 — Suite complète de 18 vignettes, d'après Horace Vernet, avant la lettre, sur papier de Chine.

108 — **Dorat**. Suite de 73 vignettes, culs-de-lampes et frontispices, d'ap. Eisen et Marillier, à l'eau-forte, avant et avec la lettre.

109 — Lot de 20 pièces, d'ap. Eisen, avant la lettre.

110 — **Duclos**. Suite complète de 15 vignettes, d'après Monnet et Mlle Gérard, avant la lettre, avec la suite des eaux-fortes, pour *les Liaisons dangereuses*.

111 — La même suite. 15 pièces avant la lettre, avec 13 eaux-fortes.

112 — La même suite. 14 pièces avant la lettre.

113 — Suite de 8 vignettes, d'ap. Lebarbier, avant la lettre, avec 3 eaux-fortes, in-18.

114 — **Fénelon**. Suite complète de 25 vignettes, d'après Moreau, et du portrait, avant la lettre, avec 2 eaux-fortes.

115 — Suite complète de 24 vignettes, d'ap. Lefèvre, et le portrait par Delvaux, avant toutes lettres et avant la lettre, sur grand papier, avec la suite des eaux-fortes.

116 — La même suite, avant la lettre, sur grand et petit papier.

117 — Lot de 49 pièces, d'ap. Cochin, Queverdo, Eisen, avant la lettre et à l'eau-forte.

118 — **Fielding**. Suite de dix vignettes, d'après Moreau, pour Tom Jones, avant la lettre, avec 6 eaux-fortes.

119 — Suite complète de 9 vignettes d'ap. Borel, avant la lettre, avec une eau-forte, in-12.

120 — Suite de 6 vignettes, d'ap. Borel, avant la lettre, avec deux eaux-fortes, in-8°.

121 — **Florian**. Lot de 50 vignettes, d'après Marillier, avant et avec la lettre.

122 — Lot de 46 vignettes, avant la lettre, d'ap. Marillier, Queverdo et Monnet.

123 — Lot de 23 vignettes à l'eau-forte.

124 — **Gérard**. Suite complète de 6 vignettes, d'après Moreau, avant la lettre, in-4, pour *le Comte de Valmont*.

125 — La même suite. 6 pièces avant la lettre.

126 — **Gessner**. Suite complète de 51 vignettes, dont 3 portraits, d'ap. Moreau, avant la lettre, in-fol., sans encadrements; les trois portraits sont avec la lettre.

127 — La même suite. 51 pièces avant la lettre, dont 3 portraits.

128 — La même suite. 51 pièces avec la lettre, dont 3 portraits.

129 — La même suite. 45 pièces avant la lettre, dont 3 portraits.

130 — La même suite. 54 pièces avant la lettre, dont plusieurs doubles.

131 — **Goethe**. Suite complète de 3 vignettes, d'après Moreau, avant la lettre.

132 — **Graffigny**. Suite complète de 8 vignettes, d'après Lefèvre, avant la lettre, et le portrait avec la lettre et 6 eaux-fortes, pour *les Lettres d'une Péruvienne*.

133 — La même suite. 8 pièces avant la lettre, et le portrait avec la lettre.

134 — Suite de 6 vignettes, d'ap. Lefèvre, avant la lettre, avec 3 eaux-fortes.

135 — **Gresset**. Suite complète de 8 vignettes et du portrait, d'ap. Moreau, avant la lettre, sur pap. in-4.

136 — La même suite. 8 pièces avant la lettre.

139 — La même suite. 8 pièces avant la lettre.

138 — Suite de 6 vignettes in-18, d'après Moreau, avant la lettre.

139 — **Hamilton.** Suite de 4 vignettes, d'ap. Moreau, avant la lettre.

140 — **Hérodote, Xénophon et Thucydide.** Suite de 28 vignettes, d'après Lebarbier, avant la lettre; avec 11 eaux-fortes et le portrait de Xénophon.

141 — La même suite. 41 pièces avant la lettre, dont plusieurs doubles.

142 — **Histoire naturelle.** Lot de 197 pièces, d'ap. Desève, avant la lettre, in-4; plus, 14 doubles.

143 — **Imbert.** Suite de 4 vignettes, d'ap. Moreau, avant la lettre, avec les eaux-fortes; 4 culs-de-lampes avec 3 eaux fortes, par Choffard, et un frontispice, pour *le Jugement de Pâris*.

144 — Suite de 7 vignettes, d'ap. Moreau, avant la lettre, avec 6 eaux-fortes.

145 — **Imitation de Jésus-Christ.** Suite de 5 vignettes, d'ap. Horace Vernet, avant la lettre; plus, 4 doubles sur papier de Chine.

146 — **La Fontaine.** Suite de 25 vignettes, d'après Moreau, et le portrait, première suite de 1814, avant la lettre; plus une vignette d'après Le Guay (le Passage du pont), avant la lettre, sur papier de Chine.

147 — La même suite. 26 pièces et le portrait, avant la lettre.

— 22 —

148 — La même suite. 26 pièces et le portrait, avant la lettre.

149 — La même suite. 26 pièces et le portrait, avant la lettre.

150 — La même suite. 17 pièces à l'eau-forte.

151 — Suite de 8 vignettes, d'après Moreau, et du portrait, par Delvaux, avant la lettre, pour Psyché, in-18.

152 — Suite de 70 vignettes, d'après Duplessis-Bertault, avant la lettre, pour l'édition Cazin.

153 — La même suite. 60 pièces avant la lettre ; plusieurs sont remontées.

154 — Suite complète de 12 vignettes, d'après Bergeret, avant la lettre, sur gr. pap.

155 — Suite de 235 vignettes pour les Fables, d'après Vivien, avec la lettre.

156 — Lot de 49 culs-de-lampes, par Choffard.

157 — Lot de 22 vignettes, pour l'édition des fermiers généraux.

158 — Lot de 38 pièces, d'après Moreau, Cochin, avant la lettre.

159 — **Lesage** et l'abbé **Prévost**. Lot de 77 vignettes, d'après Marillier, avant et avec la lettre.

160 — Suite de 9 vignettes, d'après Desenne, avant la lettre, avec la suite des eaux-fortes.

— 23 —

161 — **Louvet.** Suite de 27 vignettes, d'après Marillier, Monnet et Mlle Gérard, avant la lettre, avec 4 eaux-fortes, pour *le Faublas*.

162 — La même suite. 27 pièces avant la lettre, avec 4 eaux-fortes.

163 — Suite de 8 vignettes, d'après Colin, avant la lettre.

164 — **Lucain.** Suite de 8 vignettes, d'après Perrin, avant la lettre, avec 7 eaux-fortes, pour *la Pharsale*.

165 — **Lucrèce.** Suite complète de 7 vignettes avant la lettre, in-8.

166 — La même suite. 7 pièces avant la lettre.

167 — **Marmontel.** Suite de 11 vignettes avec la lettre, plus 10 épreuves eaux-fortes, et 7 avant la lettre, pour *les Incas*.

168 — Suite de 7 vignettes d'après Choquet, avant la lettre.

169 — **Métastase.** Suite de 50 vignettes d'après Moreau, avec la lettre.

170 — La même suite. 26 pièces avant la lettre, avec 8 eaux-fortes.

171 — La même suite. 32 pièces avant et avec la lettre, dont plusieurs doubles.

173 — **Molière.** La 1re suite complète de 33 vignettes, d'ap. Moreau, avant la lettre, et du portrait avec la lettre, d'après Mignard.

— 24 —

174 — La même suite. Comme la précédente (la vignette du prologue de Psyché est avec la lettre).

175 — La même suite. 32 pièces avant la lettre, avec portrait. (Il manque la vignette du prologue de Psyché, et la vignette du Festin de Pierre est à l'eau-forte.

176 — La même suite. 26 pièces avant la lettre.

177 — La même suite. 33 pièces avec la lettre, avec portrait.

178 — La même suite. 30 pièces avec la lettre.

179 — La même suite. 27 pièces à l'eau-forte.

180 — La même suite. 15 pièces à l'eau-forte.

181 — La 2e suite complète de 31 vignettes et du portrait, d'ap. Moreau, avant la lettre, for. in-4.

182 — La même suite. 29 pièces avant la lettre, compris le portrait.

183 — La même suite. 21 pièces à l'eau-forte.

184 — Un lot de 43 pièces des suites précédentes, à l'eau-forte et avant la lettre.

185 — Suite complète de 18 vignettes, d'ap. Desenne, avant la lettre, sur pap. de Chine, gr. in-4.

186 — La même suite. Comme la précédente.

187 — Suite complète de 19 vignettes d'ap. Horace Vernet, avant la lettre. (La vignette : les Fourberies de Scapin est avec la lettre.)

188 — Six culs-de-lampes, par Moreau, avant la lettre.

190 — **Montesquieu.** Suite de dix vignettes, d'après Eisen, avant la lettre, avec cinq eaux-fortes, pour le *Temple de Gnide.*

191 — La même suite. Huit pièces avant la lettre.

192 — Suite de sept vignettes avant la lettre, d'après Monnet, pour le temple de Gnide.

193 — La même suite. Sept pièces avant la lettre.

194 — Suite de vingt-quatre vignettes, d'après Regnault et Lebarbier, avant la lettre, avec la suite des eaux-fortes.

195 — Suite de trois vignettes et du portrait d'après Lebarbier, avant la lettre, pour l'Histoire orientale de Arsace et Isménie.

196 — Lot de vingt pièces avant la lettre, des deux suites précédents.

197 — **Morel de Vindé.** Suites complètes de 12 vignettes, d'après Lefèvre, avant la lettre, avec les deux suites d'eaux-fortes, pour *Zélomir et Primerose.*

198 — **Marguerite de Navarre.** Suite de soixante-dix-neuf vignettes, d'après Freudenberg, avant la lettre.

199 — La même suite. Soixante-treize pièces avant la lettre, sur grand papier.

200 — La même suite. Soixante-treize pièces avant la lettre.

201 — **Olivier.** Suite complète de douze vignettes, d'ap. Lefèvre, avant la lettre, avec leurs eaux-fortes.

202 — **Origine des Grâces**. Suite de six vignettes, d'après Cochin, avant la lettre, avec trois eaux-fortes.

203 — **Ovide**. Suite complète de cent-quarante-une vignettes, d'après Eisen, Boucher, etc., avant la lettre; la planche 41 est double avant la draperie, pour *les Métamorphoses*.

204 — La même suite. Cent quarante une pièces avant la lettre (la planche 41 est aussi double).

205 — La même suite. Cent vingt une pièces avant la lettre.

206 — La même suite. Quarante-une pièces avant la lettre.

207 — La même suite. Quatre-vingt-sept pièces à l'eau-forte.

208 — Suite de quarante-une vignettes, d'après Moreau, avant la lettre, in-fol.

209 — La même suite. Trente-une pièces avant la lettre.

210 — Suite de trente-quatre culs-de-lampes, par Choffard, avant la lettre.

211 — **Palissot**. Suite de dix vignettes, d'après Monnet, avant la lettre, pour *la Dunciade*.

212 — **Pope**. Suite de cinq vignettes et du portrait, d'ap. Marillier, ayant la lettre, avec la suite des eaux-fortes, pour *la Boucle de cheveux enlevée*.

213 — **Prévost** (l'abbé). Suite de 8 vignettes, d'après Lefèvre, avant la lettre, avec la suite des eaux-fortes, pour *Manon Lescaut*.

— 27 —

22   214 — **Pygmalion.** Suite de six vignettes d'après Eisen, avant la lettre, avec une eau-forte.   *Capé*

22   215 — Suite complète de six vignettes, d'après Moreau, avec le titre, avant la lettre et la suite des eaux-fortes.   *Capé*

19   216 — La même suite. Six pièces et le frontispice avant la lettre.   *Muero*

16   217 — La même suite. Epreuves avec la lettre, intercalées dans le texte gravé.   *Labrunne*

20   218 — **Quatre parties du Monde.** Deux suites différentes de quatre vignettes, d'après Eisen, avant la lettre, avec un frontispice.

76   219 — **Racine.** Suite complète de douze vignettes et du portrait, d'après Moreau, avant la lettre.   *Capé*

65   220 — La même suite. Douze pièces avant la lettre, sans le portrait.   *Durand*

86   221 — Autre suite de douze vignettes et du portrait, d'après Moreau, avant la lettre.

67   222 — La même suite de douze pièces avant la lettre, sans le portrait.   *Capé*

33   223 — Suite complète de 12 vignettes et du portrait, d'après Lebarbier, avant la lettre.

32   224 — La même suite. 12 pièces et le portrait, avant la lettre.   *Capé*

12   225 — Suite complète de 12 vignettes et du portrait, d'après Garnier, avant la lettre.

226 — Suite de 11 vignettes, d'après Gravelot, avant la lettre, avec le portrait, à l'eau-forte.

227 — Suite complète de 12 vignettes et du portrait, d'après Desenne, par Girardet, avant la lettre sur papier de Chine.

228 — Suite de 14 vignettes, d'après Prud'hon, Girodet, Gérard, etc., avant la lettre sur papier de Chine avec les eaux-fortes.

229 — La même suite avant et avec la lettre.

230 — 7 Fleurons pour ses œuvres, d'après Garnier, par Choffard.

231 — **Raynal**. Lot de 58 vignettes dont le portrait de l'auteur, d'après Moreau, Marillier, à l'eau-forte, avant et avec la lettre.

232 — **Regnard**. Suite de 23 vignettes, d'après Borel et Marillier, avant la lettre et le portrait avec la lettre.

233 — La même suite. 28 pièces et le portrait avec la lettre.

234 — 33 Pièces avant et avec la lettre, d'après Moreau et Borel.

235 — **Richardson**. Suite de 31 pièces, par Chodowiecki, avant la lettre, pour *Clarisse Harlowe*.

236 — **Révolution française**. Deux suites différentes, d'après Monnet, avant la lettre, 21 pièces, dont 4 à l'eau-forte.

1-50   237 — **Riccoboni**. Suite de 6 vignettes, d'après Choquet, avant la lettre.

16   238 — **Robinson Crusoé**. Suite de 16 vignettes avant la lettre, d'après Stholhard et du portrait de Foë, avec la lettre, grand in-8.

6   239 — **Romans** traduits de l'anglais. Suite de 21 vignettes, d'après Laffitte, avant la lettre.

6   240 — **Rotrou**. Lot de 9 vignettes avant la lettre, d'après Eisen.

18   241 — **Rousseau**. Suite de 62 vignettes dont 2 portraits avec la lettre, d'après Moreau et autres.

13   242 — La même suite à l'eau-forte. 64 pièces.

6   243 — La même suite. 26 pièces avant la lettre.

15   244 — La même suite. 22 pièces avant la lettre.

38   245 — Suite de 30 vignettes, d'après Moreau, avant la lettre et du portrait avec la lettre.

21   246 — La même suite. 25 pièces avant la lettre.

31   247 — La même suite. 25 pièces avant la lettre; plusieurs sont doubles.

25   248 — La même suite. 50 pièces et le portrait avec la lettre; plusieurs sont doubles.

31   249 — La même suite. 30 pièces à l'eau-forte.

300   250 — Suite de 75 pièces dont 2 portraits, d'après Moreau, avant la lettre, pour l'édition de Poinçot.

251 — Suite de 21 vignettes d'après Cochin, Monsiau, avant la lettre.

252 — Suite de 18 pièces et du portrait, d'après Cochin et Monsiau, avec la lettre.

253 — Suite complète de 49 vignettes et du portrait, d'après Desenne, avant la lettre.

254 — Lot de 42 pièces avec la lettre, d'après Marillier, titres et frontispices.

255 — Lots de 12 cul-de-lampes, par Choffard, avec 5 eaux-fortes.

256 — **Scarron**. Suite de 14 vignettes, d'après Lebarbier, avant la lettre, avec 12 eaux-fortes, pour le Roman comique.

257 — **Tasse**. Suite complète de vignettes, d'après Gravelot, pour la Jérusalem délivrée, savoir : 5 frontispices, 20 vignettes, 20 portraits, 23 fleurons, ces derniers avant la lettre.

258 — 23 Pièces avant la lettre et à l'eau-forte, pour la même suite.

259 — Suite de 41 vignettes, d'après Cochin, avant la lettre, format gr. in-4.

260 — La même suite. 37 pièces avec la lettre.

261 — La même suite. 30 pièces à l'eau forte.

262 — Suite de 19 vignettes, d'après Lebarbier, avant la lettre; et le portrait du Tasse, d'après Chasselat, avant la lettre.

268 — **Térence**. Suite de 9 vignettes, d'après Cochin, avant la lettre avec 4 eaux-fortes.

269 — La même suite. 9 pièces avant la lettre.

270 — **Théocrite** et théâtre des Grecs. 121 pièces, d'ap. Borel et Lebarbier, à l'eau-forte, avant et avec la lettre.

271 — **Thompson**. Suite de 18 vignettes, d'ap. Leprince, Eisen, Lebarbier et par Choffard, avant la lettre, avec 5 eaux-fortes et 1 frontispice pour les saisons (24 p.).

272 — **Tibulle**. Lot de 26 pièces avant, avec la lettre, et à l'eau-forte.

273 — **Tressan**. Suite de 7 vignettes, d'ap. Moreau, et le portrait avant la lettre, avec 4 eaux-fortes, pour *Gérard de Nevers* et *le Petit Jehan de Saintré*.

274 — **Virgile**. Suite complète de 6 vignettes, d'après Moreau, y compris le portrait avant la lettre, pour les *Géorgiques*, plus trois eaux-fortes.

275 — La même suite. 6 p. avant la lettre (le portrait est à l'eau-forte).

276 — Suite complète de 4 vignettes, d'ap. Moreau, avec le portrait de Delille, avant la lettre, pour *l'Énéide*.

277 — Suite de 4 vignettes, d'ap. Eisen, avant la lettre, pour *les Géorgiques*.

278 — Suite de 10 vignettes et le portrait, d'ap. Huet et Fragonard, avant la lettre, pour *les Bucoliques*. La même suite avec la lettre.

279 — Suite de 204 vignettes, avant le lettre, pour l'édition de Heyne.

280 — 72 pièces. pour ses œuvres, d'ap¹ Cochin, à l'eau-forte, avant et avec la lettre.

281 — 36 p. pour ses œuvres, d'ap. Zocchi et par Bartolozzi, à l'eau-forte. avant et avec la lettre.

282 — **Voltaire**. Collection complète, de 94 vignettes, avant la lettre d'ap. Moreau, (première suite), 20 portraits avec la lettre (le portrait du prince de Prusse est avant la lettre), le tableau des œuvres de Voltaire, le titre et la dédicace gravés pour l'édition publiée à Khel; gr. in-8°; plus les port. de Louis XIV et de la Pucelle, doubles avant la lettre, (119 p.) Collection très-rare.

283 — La même suite Comme la précédente, les épreuves sont aussi avant la lettre (119 p.)

284 — La même suite. Comme les précédentes, les épreuves sont avant la lettre; il manque une vignette des tragédies et une pour les contes en vers, le tablaeu des œuvres, un buste de Voltaire et la dédicace (111 p.)

285 — La même suite. 98 p., avant la lettre, compris plusieurs portraits avec la lettre.

286 — La même suite. 111 p., avec la lettre.

287 — La même suite. 106 p., avec la lettre; il manque trois vignettes pour la *Pucelle*.

288 — La même suite. 82 p. à l'eau-forte.

289 — La même suite. 73 p. à l'eau-forte.

281 — La même suite. 70 p. à l'eau forte, dont plusieurs doubles.

282 — La même suite. 81 pièces avant la lettre.

283 — La même suite. 67 pièces avant la lettre.

284 — La même suite. 51 pièces avant la lettre.

285 — La même suite. 103 pièces, avant la lettre dont plusieurs doubles.

286 — La même suite. 73 p. avec la lettre.

287 — Suite complète de 21 pièces de la même suite, avant la lettre, pour *la Pucelle*, avec 5 portraits avec la lettre. Épreuves sur papier de Chine ; plusieurs sont montées.

288 — La même suite. Épreuves avant la lettre, sur papier blanc.

289 — Suite complète (2me) de 113 vignettes, d'ap. Moreau, avant la lettre, 33 grands portraits et 14 de supplément (3 de ces derniers sont remontés), et par Saint-Aubin, aussi avant la lettre, le buste de Voltaire, (en tout 161 pièces), pour l'édition de Renouard, g. in-8.

290 — La même suite. 111 pièces avant la lettre et 42 portraits (il y a 2 vignettes de *la Pucelle*, avec la lettre, et il manque 2 vignettes pour les romans).

291 — La même suite. (Il manque 3 vignettes pour *la Pucelle*, 4 pour le *Théâtre* et 4 pour les *Romans*.) 102 pièces avant la lettre.

292 — La même suite. 52 pièces avant la lettre (4 sont doubles).

293 — Suite complète de 58 vignettes d'après Monnet, et Marillier, avant la lettre, pour l'édition des romans imprimée à Bouillon.

294 — La même suite. 56 pièces avant la lettre et le portrait.

295 — La même suite. 36 pièces à l'eau-forte.

296 — Suite de 10 vignettes et du frontispice, d'ap. Eisen, avant la lettre, pour *la Henriade*.

297 — La même suite. 11 pièces avant la lettre.

298 — Suite de 10 vignettes, d'après Eisen, avant la lettre, pour *la Henriade*.

299 — La même suite. 10 pièces avant la lettre.

300 — La même suite. 10 pièces avant la lettre.

301 — Suite complète de 21 vignettes et du portrait, d'après Marillier, avant la lettre, pour *la Pucelle*.

302 — La même suite, 21 pièces et le portrait, avant la lettre.

303 — Suite complète de 21 vignettes et du portrait, avant la lettre, pour *la Pucelle*, in-32.

304 — Lot de 34 portraits avant et avec la lettre, pour ses œuvres.

DIVERS.

305 — Lot de 81 pièces, d'après Borel, Monnet et Monsiau, à l'eau-forte, avant et avec la lettre.

306 — Lot de 30 pièces avant et avec la lettre, d'après Cochin.

307 — Lot de 70 pièces, d'après Gravelot et Eisen, avant et avec la lettre

308 — Lot de 110 pièces avant la lettre, d'après Lebarbier.

309 — Lot de 128 vignettes dont 55 avant la lettre, d'après Marillier.

310 — Lot de 82 pièces avant la lettre, d'après Moreau.

311 — Lot de 14 pièces, avant la lettre, d'après Eisen, Moreau.

312 — Lot de 143 pièces à l'eau forte, d'après divers.

313 — Lot de 123 culs-de-lampes, frontispices, etc., par Choffard, Moreau, Marillier et Eisen, avant et avec la lettre.

314 — Lot de 85 pièces, avant et avec la lettre, d'après Moreau, Lebarbier, Eisen et autres.

315 — Lot de 42 pièces, avant et avec la lettre, d'après Moreau, Eisen, Cochin et autres.

316 — Lot de 97 pièces, avant et avec la lettre, d'après Desenne et autres.

18

15.50

9.50

8

317 — Lot de 46 pièces, avant et avec la lettre, d'après Myris, pour l'*Histoire romaine*.

318 — Lot de 55 pièces, avant et avec la lettre, d'après Moreau, Saint-Quentin et autres.

319 — Lot de 140 pièces, avant et avec la lettre, d'après divers.

320 — Lot de 27 pièces avant la lettre, pour le musée Filhol et autres

380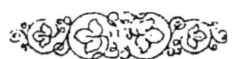

Renou et Maulde, imprimeurs de la Compagnie des Commissaires-Priseurs, rue de Rivoli, 144. 9772

www.ingramcontent.com/pod-product-compliance
Lightning Source LLC
Chambersburg PA
CBHW071203240526
45470CB00017B/1253